Alle lieben Katzen

ALLE LIEBEN
KATZEN

BILDER & WORTE

Für ....

....

LAPPAN

Cartoons von
Tom Breitenfeldt (S. 17-22)
Kai Felmy (S. 28)
Harald Fischer (S. 11, 35)
Kriki (S. 13, 16, 67, 76)
Johann Mayr (S. 54)
Ari Plikat (S. 40, 51, 82)
Polo (S. 7, 8, 32, 61, 63, 68, 69, 90)
Freimut Wössner (S. 45, 85)

Herausgeber: Günther Willen
Lektorat: Peter Baumann · Nicola Heinrichs
Konzept und Gestaltung: Dieter Schwalm

Umschlagzeichnung: Ari Plikat

1 2 3 4 5 02 01 00 99 98

Lappan Verlag GmbH · Postfach 3407 · 26024 Oldenburg

Gesamtherstellung: Clausen & Bosse · Leck
Printed in Germany · ISBN 3-89082-802-7

Ein Wort an die Leser

Katzen sind außergewöhnliche Tiere, das weiß doch jedes Kind. Sie nehmen von uns Futter und Zuneigung an, geben aber selber nichts, die Schlawiner. Tatsache ist, Katzen sind wirklich geheimnisvolle Wesen. In der Regel leben sie recht bequem in den Tag hinein und lassen alle fünfe gerade sein. Niemand kann sagen, ob Katzen auch lesen können und dieses Buch mögen und ... Doch da stürzt gerade unser schwarzer Verlagskater „Pauli" herein und fragt, ob man Futter mit Vogelvau schreibt. Vutter? Also nein, diese Katzen! Aber so sind sie eben. Wir wünschen Ihnen nun viel Freude bei der Lektüre des vorliegenden Buches. Und grüßen Sie bitte Ihre Katze(n) ganz lieb von uns!

Inhalt

WO IST
DIE PETERSILIE?
Shivas

So ein Katzenjammer

Häufig wünschen sich kleine Katzen zu Weihnachten oder zum Geburtstag einen Menschen. Da kann die Katzenmutter vorher noch soviel vor den Konsequenzen warnen. Was ist zum Beispiel, wenn die kleine Katze nach drei, vier Wochen keine Lust mehr hat, sich um den Menschen zu kümmern? Und was macht man überhaupt im Urlaub mit so einem Menschen? Muß man ihn in einem teuren Hotel abgeben? Oder kann man ihn einfach auf der Autobahn aussetzen, in so einem Kasten mit vier Rädern, wie es ja viele Katzen im Sommer mit ihren Menschen machen?

Aber wenn die kleine Katze dann den Kopf ein wenig schief legt und die Katzenmutter mit den kleinen, traurigen Augen anschaut, dann schmilzt schnell jeder Widerstand. Es ist klar: Ein Mensch muß her.

Die richtige Auswahl eines Menschen ist allerdings gar nicht so einfach. Ist der Mensch sehr klein, dann kann man zwar gut mit ihm ums Wollknäuel kämpfen. Aber er kann dann keine Dosen öffnen, und er kommt im Regal nicht an das oberste Brett mit den Brekkies heran. Und das sollte ein Mensch schon können.

Manche Menschen sehen äußerlich oft ganz gesund aus, müssen aber immerfort niesen, wenn man als Katze neben ihnen sitzt. Das ist natürlich auf Dauer nicht auszuhalten. Und bis man so einen Menschen wieder umgetauscht hat, kann einige Zeit vergehen. Andere Menschen fangen plötzlich unkontrolliert zu schreien an, während man gerade kurz in der Gardine hängt oder sich mal in aller Ruhe die Fingernägel am Regal machen will. Das kann einen ganz schön erschrecken. Oft stellt man solche Mängel ja erst fest, wenn man den Menschen schon ein paar Wochen hat und die Garantie gerade abgelaufen ist.

Aber so ein Mensch hat natürlich auch seine Vorteile. So ist es gut, wenn eine kleine Katze frühzeitig lernt, Verantwortung zu übernehmen. Wenn sie einen Menschen hat, dann kann sie nicht mehr einfach hinter jeder Maus hinterherrennen. Sie muß dem Menschen auch ab und zu mal einen zerfetzten Vogel in den Korridor legen. Und sie muß zum Beispiel dafür sorgen, daß das Katzenklo voll ist, damit der Mensch ein wenig Bewegung hat. Immer wieder gut macht es sich auch, wenn die Katze kleine Fleisch- oder Thunfischstückchen nach der Mahlzeit auf den Boden spuckt. Dadurch bringt sie dem Menschen bei, kleine, spitze Schreie auszustoßen, die so ähnlich wie „Miiie, miiie" klingen. Wenn die Katze ihre Fingernägel dann noch richtig einsetzt, kann der Mensch sogar schon „Au" sagen. Nur schade, daß die meisten Menschen nicht beides zusammen herausbringen können. Sonst könnte man sich richtig mit ihnen unterhalten.

Abends sitzt so ein Mensch gerne ein wenig unter seiner Katze, oder er braucht ein Katzenfell zum Kraulen neben sich. Da muß die kleine Katze dann zu Hause bleiben und sich irgendwelche langweiligen Serien im Fernsehen anschauen, auch wenn im Kino die Fortsetzung von „Felidae" läuft oder der kleine, süße Kater von nebenan zwei Karten für „Cats" hat. Das ist nicht immer einfach. Aber wenn die kleine Katze nicht da ist, dann grämt sich der Mensch und geht wahrscheinlich irgendwann ein. Und das hat die Katzenmutter natürlich von Anfang an klargemacht: Wenn der Mensch eingeht, dann gibt es nicht gleich wieder einen neuen.

„Du sagtest mir damals doch, er sei überfahren worden!..."

Endlich bewiesen!

Auf den Spuren des Schnurrens

Wieso ein Spinnrad schnurrt, ist bekannt: Das liegt am Treibrad. Weshalb ein Sportwagen abschnurrt, weiß man: Es ist der Motor. Warum aber eine Katze schnurrt, war lange Zeit ein Rätsel. Schließlich besitzt sie weder ein Treibrad noch einen Motor.

Nun hat man erstmals eine Katze aufgeschnitten und scheint die Lösung gefunden zu haben. Wie Wissenschaftler des Hamburger Max-Planck-Instituts für Aufschnitt festgestellt haben, wirken für das Schnurren mehrere Teile der Katze zusammen.

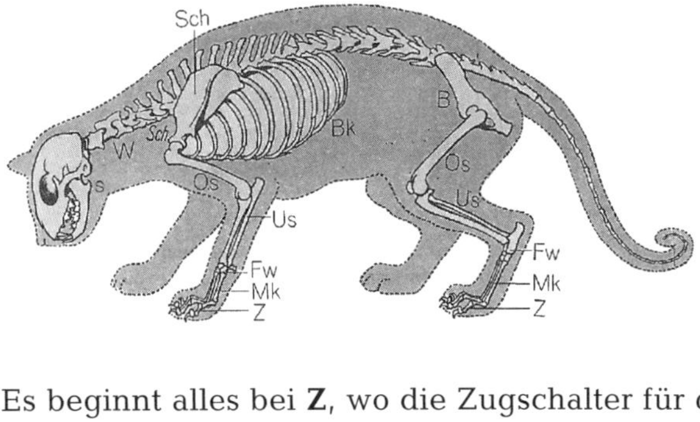

Es beginnt alles bei **Z**, wo die Zugschalter für das Schnurren sitzen. Durch eine Muskelkontraktion bei **Mk** wird der Impuls in den Ferwandler **Fw** geleitet, der den Unteren Schnurrkolben **Us** erregt, der seinerseits den Oberen Schnurrkolben **Os** aktiviert. Über den Brummgenerator **B** bzw. den Brummkondensator

Bk läuft das Schnurren in das große und kleine Schnurrzentrum (**Sch** und *Sch*), um den Wandler **W** zu durchlaufen und das Tier bei **s** als Schnurrgeräusch zu verlassen.

Zugegeben, die Erklärung der Forscher wirkt etwas seltsam, aber wer's nicht glaubt, wird auch nicht selig.

Katerstimmung

Das kleine Katzen-Horoskop

Sein Lieblingsplatz, das ist das Klo,
Des Widders Hobby: Beißen.
Des Widders Schicksal: Mit Niveau
Auf Teppichböden scheißen.

Die Stier-Katz sieht fast niemals rot,
Denn meist ist sie am Schlafen.
Dann sieht sie aus, als wär sie tot,
Und träumt von kleinen Schafen.

Gern streichelt man die Zwillingsmiez,
Die mit den kleinen Krallen.
Sie nimmt davon zwar kaum Notiz,
Doch scheint's ihr zu gefallen.

Krebs-Kater schnurren wie verrückt,
Wenn man sie krault am Bauche,
Doch sind sie gar nicht mehr entzückt,
Berührt man sie am Schlauche.

Der Löwe ist der Katz verwandt,
Doch wilder und viel fetter.
Sie selbst bewegt sich elegant
Und ist auch sonst viel netter.

Die Jungfrau-Katze weiß genau,
Wo Milch und Whiskas fließen.
Nur macht sie einen Mordsradau
Beim Katzenfraß-Genießen.

Die Waage-Muschi ist dezent,
still, freundlich und verträglich.
Im Alter wird sie korpulent,
und ziemlich unerträglich.

Skorpione, voller Leidenschaft,
Voll Zähne und voll Tatzen,
Gewinnen jede Meisterschaft
Im Mobiliarzerkratzen.

Die Schützen turnen gern herum
Auf allem, was sie kriegen.
Auf Kühlschrank, Bett, Aquarium,
Tisch, Torten, Lampen, Liegen.

Ist plötzlich so ein Loch im Schrank?
Liegt Kot auf der Matratze?
Und dieser schreckliche Gestank?
Das war die Steinbock-Katze!

Der Wassermann kennt kein Pardon,
Auf seinem Weg zum Fressen
Zerlegt er Holz, Stahl und Beton
Nach eigenem Ermessen.

Die Fische-Katz, wenn sie nicht laut
Miaut, frißt oder kackelt,
Liegt meist nur rum und schnurrt vertraut,
Wobei ihr Schwänzlein wackelt.

Kinderkrankheiten

Gestern rote Ohren und Schnupfen –

und heute Masern!!

Die Körpersprache der Katzen

Immer mehr Menschen entdecken die Katze als Haustier. Sie bringt Abwechslung in die gute Stube und ist auch geheimnisvoll. Da wir Menschen die Katzen bestimmt nicht so schnell zum Reden bringen werden, bleibt nur eins: ihre Geheimsprache zu entschlüsseln. Die Wörter dieser Sprache sind die kleinen und großen Gesten, damit drücken die Katzen ihre wahren Gefühle und Gedanken aus. Das sind die sieben wichtigsten:

1. „Ich möchte dich gerne kennenlernen!"

Grundposition: Die Ohren sind geknickt, der Kopf ist gesenkt, Bedrängnis überflutet das Gesicht der Katzenmutter: Die Zukunft im Schuhkarton sieht nicht gerade rosig aus. Nur die Augen funkeln hoffnungsvoll grün und sagen unmißverständlich: „Ich möchte dich gerne kennenlernen!" Dauert der Blickkontakt länger als 2 Minuten, haben Sie angebissen und Sie sind glücklicher Katzenbesitzer. Der Rest ist ein Heimspiel. Woran die Katze denkt, ist nämlich klar wie Kätzchen. Sie sucht ein neues Zuhause. Bezeichnend ist auch die Haltung der zwei Katzenkinder. Der leere Blick, die hilflos geneigten Köpfchen sagen: „Nun mach schon!"

2. „Du bist zu weit gegangen!"

Grundposition: Die Augen sind im Blick erstarrt, der Kopf ist leicht versetzt, die Zunge zur ganzen Länge gestreckt, das Maul, bis zur Grenze des Möglichen aufgeklappt, gleicht einem Boxhandschuh, hinter dem sich geballte Wut staut, die sich jedem entgegenschleudert, der zu weit gegangen ist. Noch weiß die Katze nicht genau, ob sie den Menschen beißen oder „nur" kratzen soll. Aber sie beäugt die „Beute" schon mal mit Wohlgefallen. Die zwei messerscharfen Schneidezähne sind übrigens ein Symbol für die große Verzweiflung der kleinen Katze. Noch eine Botschaft: Schließt sie das Maul, ist ihr Interesse weg.

3. „Ich hab dich lieb!"

Grundposition: Die Katze sitzt ruhig und entspannt da und hat sich seitwärts zum Menschen gedreht, ein

Zeichen der Zuwendung, der Liebe. Typisch sind die verliebten Nasenlöcher, die Augen sind übernormal geöffnet, die Ohren wie Satellitenschüsseln auf Empfang gestellt, bereit, Kosenamen und Streicheleinheiten vom Menschen zu empfangen, wie auch die nervös gespannte rechte Pfote signalisiert. Vorsicht! Zupft die Katze sich damit am Ohrläppchen, geht sie aufs Ganze! Auf jeden Fall will sie, daß Sie ihr übers Fell streicheln und dabei sagen, wie lieb Sie ihre Miezekatze haben. Achtung! Beißt die Katze sich in den Schwanz, müssen sie damit rechnen, daß sie in der nächsten Sekunde aufspringt und wegrennt. Sie sind ihr zutiefst unsympathisch.

4. „Bei dir piept's wohl!"

Grundposition: Fest sind die Katzenaugen auf die Quelle der Verwunderung gerichtet, fast ungläubig starren sie den „komischen Vogel" an, der dort auf ihrer

Wiese nacktbadet, um streifenfrei braun zu werden. Auf dem Gesicht entsteht ein Affekt, in dem Entrüstung und Entsetzen überwiegen. Die Botschaft ist sonnenklar: „Bei dir piept's wohl!" Die Lauscher sind weit aufgesperrt, Hals und Schwanz eingezogen, Rücken und Mundwinkel eingefallen, aber ein Strom aktiver Spannung durchzieht den gestreiften Körper. Gleich wird die Katze zum Sprung ansetzen. Tippt sie sich mit der rechten Pfote an die linke Stirn, bedeutet das lediglich: „Hoffentlich geht das gut."

5. „Verzeih mir!"

Grundposition: Die Katze bemüht sich, ganz klein und unwichtig zu erscheinen; sie schämt sich. Sogar die Augen sind zu zwei schmalen Schlitzen verengt, man meint schon Tränen zu sehen. Die Angst des eben durchstandenen „Schabernacks" (Sprung auf den gedeckten Katerfrühstückstisch) schimmert noch durch das Gesicht. Das dadurch entstehende Schuldgefühl gleicht die Katze aus, indem sie schnell auf einen Baum hechtet und eine möglichst unbequeme Haltung einnimmt. Sehr bezeichnend ist die Haltung des Schwanzes. Schwer und schlaff hängt er nach unten und dient als Hinweis für den ganzen Katzenjammer. Die angespannte Lage, die zusammengekniffenen Augen, der leicht gekrümmte Rücken und der hohe Baum sind ein einziger Aufschrei: „Bitte, verzeih mir!" Erst wenn der Mensch die Entschuldigung annimmt, hat die Katze ihr inneres Gleichgewicht wieder gewonnen. Bis die schwere Anspannung von ihr fällt, vergehen freilich oft Jahre. Ganz wichtig: Wenn die Katze zwei Pfoten vor der Brust verschränkt, heißt das soviel wie: „Ich lach mir einen Ast!"

6. „Du gehst mir auf den Sack!"

Grundposition: Die fixierende Blickweise kann als Anzeichen dafür verstanden werden, daß hier etwas nicht stimmt. Was wie tiefe Nachdenklichkeit aussieht, ist nur Ekel und Langeweile. Der Mund ist zu einem Bindestrich gepreßt und aus seiner natürlichen Lage verschoben, zwischen den Augen zeigt sich eine starke, von innen aufgeworfene Faltenbildung, die Barthaare sind widernatürlich gekräuselt, alles Zeichen der Abkehr, ja Abscheu, die besagen: „Du gehst mir auf den Sack." Noch eine Botschaft steckt in dem gerümpften Näschen. Sie besagt: „Ich kann dich nicht riechen." Falls Sie dennoch nicht hören wollen und auf die Katze zugehen, kann es passieren, daß die schwer genervte Katze ihren Mittelfinger wie einen Keil nach vorne auf Sie richtet. Das bedeutet sowohl „Noch einen Schritt, und du gehst duschen!" als auch „Du kannst mich mal!" Nur keine Hektik.

7. „Ich will allein sein mit dir."

Grundposition: Der Blick ist sinnend geöffnet, der kleine Mund jedoch fest geschlossen, die Ohren sind in Spielfreude albern schräg gesetzt, der Kopf wird ruhig getragen, das Gesicht ist entspannt. Das kleine Schwarze lächelt verschmitzt. Hier steht ein Mensch, der gleich sagen wird: „Miez, Miez, wo bist du?"

Im Erstaunen über die plötzliche Erkenntnis, daß so ein Katzenleben im Grunde genommen „eine runde Sache" ist, sind die Katzenaugen weit aufgerissen. Die Botschaft ist so klar wie Tinte: „Ich will allein sein mit dir!" Falls Sie darauf eingehen, möchte die Katze das Sagen haben, wie der leicht vorgebeugte Kopf und die aufgestützten Pfoten beweisen. Bei Widerrede „pikst" sie. Bitte bedenken Sie noch folgendes: Wenn die Katze mit einem Finger schnippt, dann liegt ihr die ganze Welt zu Füßen. Mehr will das Bild nicht sagen.

Interessante Berufe:

Heute: Der Katzenentführer

„Ich habe Ihre Katze!

Wenn Sie sie lebend wiedersehen wollen, zahlen Sie 10 Mark in kleinen, gebrauchten Scheinen! Was heißt, Sie fahren sowieso in Urlaub? Na gut, wenn ich Ihnen 10 Mark zahle, nehmen Sie das Tier dann zurück?"

Die zehn beliebtesten Katzennamen

1. *Rudi*
2. *Minki*
3. *Pauli*
4. *Willi*
5. *Litti / Pussy*
6. *Morle*
7. *Tinka*
8. *Tiger*
9. *Peter / Peterle*
10. *Schnupsel*

Die zehn unbeliebtesten Katzennamen

1. *Stinki*
2. *Lassie*
3. *Fury / Crazy Horse*
4. *Hansi*
5. *Tschechoslowakei*
6. *Ansaugstutzen*
7. *Himbeer-Toni*
8. *Gorgonzola*
9. *Paradigmenwechsel*
10. *Dr. Hackensack*

Schon gehört?

Katzenstreu reicht aus

Lange sah es so aus, als wären die Ressourcen demnächst erschöpft. Unsere Großeltern konnten sie noch mit der Schaufel aus dem nächsten Straßengraben holen, etwas später begann der kommerzielle Tagebau, und heute muß sie schon mühsam unter Tage abgebaut werden: Die Katzenstreu ist rar geworden. Die traditionellen Vorkommen sind nahezu ausgebeutet, und nur selten wird noch ein neuer Katzenstreu-Flöz entdeckt. Experten sagten bereits voraus, daß in zehn, fünfzehn Jahren die ordnungsgemäße Befüllung der Katzenklos auf Schwierigkeiten stoßen werde, und man dachte bereits an die Züchtung einer abfallfreien Katze. Es kam sogar schon zu Hamsterkäufen, wie ein Blick auf die Betriebshöfe der Straßenmeistereien zeigt.

Nun geben die Geologen Entwarnung. Unter dem europäischen Festlandssockel sind in der Nordsee riesige Katzenstreu-Lager entdeckt worden, und in Sibirien vermutet man Vorkommen, die größer sind als die gesamte Erde. Die Katzenstreu wird also noch mindestens vier Milliarden Jahre reichen. Gott sei Dank.

Frau & Mann und Katz & Hund

– Aber warum denn nicht? Alle lieben Katzen!

– Alle?

– Ja!

– Ja. Bis auf die, die Hunde lieben.

– Nein!!! Erzähl mir jetzt bitte nicht, du willst einen Hund!

– Warum denn nicht? ...

Die beiden saßen im Café am Nachbartisch. Sie waren jung, sie waren schön, sie waren – jedenfalls bis vor wenigen Sekunden noch – verliebt, und sie hätten wie ich friedlich Kaffee trinken und ein Leben genießen können, das es ihnen erlaubte, am hellichten Wochentag jung, schön und verliebt zu sein und in einem sonnendurchfluteten Café Kaffee zu trinken. Statt dessen sprachen sie über Katzen. Und Hunde. Und damit auch über sich selbst ...

– Naja, ich weiß nicht.

– Wieso? Was ist denn gegen einen Hund zu sagen?

– Oh! Willst du das wirklich wissen? Ganz einfach: Hunde sind laut, Hunde sind trampelig, und Hunde bringen nur Dreck in die Wohnung!

– Aah, daher weht der Wind! Achtung, Leute: Hier spricht die Hausfrau! Nichts gegen Tiere – aber praktisch müssen sie sein. Pflegeleicht. Und möglichst dekorativ. Hauptsache, sie passen zur Auslegeware.

– Na und? Die hast du schließlich selbst mit ausgesucht. Und eine Katze ist wenigstens elegant!

– Wenn ich was Elegantes will, kauf ich mir 'n Anzug.

„Sie will ihren Wollknäuel zurückhaben ...“

Nein, wirklich: Kein Mann lebt doch freiwillig mit einer Katze zusammen! ... Es sei denn, er ist schwul.

– Na, wenn das so ist! Dann pack' doch mal ganz aus, mein toller Hetero! Was soll's denn sein? Ein strammer Schäferhund vielleicht? Der täglich ein halbes Schwein frißt?

– Ach! Und bei dir? Vielleicht eine dicke fette fönfrisierte Perserkatze? Die für ihre Triefaugen eine Stange Tempotaschentücher am Tag braucht? Und drei volle Staubsaugerbeutel?

– Ach komm, gib's doch zu! Ihr Männer wollt doch immer nur Hunde haben, weil man die so schön rumkommandieren kann, diese trotteligen Köter!

– Na und? Ein Hund versteht wenigstens, was man ihm sagt! Bei so 'ner Katze hat das doch gar keinen Sinn. Die sind doch viel zu blöde dafür ...

– Zu blöd? Hunde sind blöd! Katzen sind tausendmal klüger als Hunde! Eine Katze läßt sich nicht beherrschen, mein Herrchen! Einer Katze kannst du nicht deinen Willen aufzwingen!

– Einer Eidechse auch nicht. Spricht das irgendwie für die Katze?

– Eine Katze macht, was sie will!

– Ja, das machen Hühner und Gelbbauchunken auch ...

– Tu nicht so doof! Du weißt genau, was ich meine! Eine Katze führt ihr eigenes Leben! Eine Katze ist frei! Nicht so ein verblödeter, versklavter Angestellter wie dein blöder Hund! Eine Katze ist total unabhängig von uns Menschen! Die kann sich jederzeit da draußen wieder zurechtfinden! ...

– Na prima! Da frag ich mich doch, was sie dann bei uns in der Wohnung soll?!? ...

Das leise Zwiegespräch, das sich zu heiserem Gebell und fauchendem Kreischen gesteigert hatte, brach abrupt ab. Der Mann knurrte leise vor sich hin und kratzte sich dabei unmotiviert von Zeit zu Zeit an den unsinnigsten Stellen, die Frau schaute lange schweigend aus dem Fenster und interessierte sich anscheinend für alles außer ihr Gegenüber. Dann rekelte sie sich kurz gemütlich in ihrem Stuhl zurecht, wandte sich wieder ihrem Partner zu und begann wieder sanft zu schnurren ...

– Aber Katzen sind doch auch so lieb und schmusig!

– Ja, das sind sie. Immer dann, wenn sie die Whiskas-Dose nicht alleine aufkriegen. Dann sind sie dein bester Freund! O Gott! Allein schon dieses ewige, unentwegte Gemaunze und Gemurre, wenn man nach Hause kommt und Muschi freut sich nicht, daß sie dich wiedersieht – nein, sondern daß jetzt endlich der doofe zweibeinige Dosenöffner wieder da ist ...

– Aber so kleine Katzenbabys, die sind doch wirklich süß!

– Ja, das stimmt. Das muß man der Natur lassen, das hat sie klug eingerichtet. Sonst würde man die nämlich gleich alle nach der Geburt ertränken.

– Du bist gemein!

– Nein. Nur mal kurz wie 'ne Katz. Bah! Allein der Name schon: Katt–zzen. Da kann man ja nichts Gutes erwarten. Katzen kratzen ... Aber „Hund" – das klingt doch gleich ganz anders! So weich, so freundlich ...

– So unterwürfig ...

– Na und? Hunde sind wenigstens treu! Die hängen an einem. Katzen hängen doch nur an Orten! Nicht an Menschen. Wir Menschen sind denen doch völlig wurscht! Wenn du umziehen müßtest, und du würdest so eine Katze fragen, mit der du schon jahrelang zusammen gelebt hast, was ihr lieber wäre: Ein Wohnungswechsel – oder ein Frauchenwechsel?

Die würde doch glatt sagen: „Hau du ruhig ab. Ich bleib hier in der Wohnung!" ...

– Das würd ich auch sagen.

– Aber wenn ich – ... Was hast du gesagt?

– Nichts. Erzähl weiter!

– Aber wenn ich zu meinem Hund sagen würde: Ich muß morgen in den Krieg! Der würde mich anbetteln, daß er mitkommen darf! Weil er nur eins will: Bei mir sein!

– Ja, für so was brauchst du wohl wirklich einen Hund ...

– Und wenn du mal in der Wohnung tot von der Leiter fällst, 'ne Katze kommt höchstens ungerührt anmarschiert und leckt dein lecker Blut auf! Aber ein Hund, der sitzt heulend an deinem Grab, bis er verhungert. Das ist Treue!

– Das ist doch keine Treue. Das ist doch einfach nur doof!

– Ja! Genau! Liebe, Treue, Zuneigung ... In Wirklichkeit finden Frauen das nämlich eigentlich nur doof. Denken genau wie 'ne Katze: „Was bringt er mir?" ... Absolut eigennützig. Denken nur an sich selbst. Wer verteidigt denn seinen Herrn oder zum Beispiel die Kinder, wenn jemand sie angreift? Ne blöde Katze? Die schnurrt doch sogar noch einem blutverschmierten Massenmörder um die Beine, wenn er nur einen Dosenöffner in der Hand hat!

– Du wirst albern, wirklich ...

– Und wie sie schon Mäuse fängt und sie quält, dieses gefühllose Wesen, diese katzige, kalte Natur! Da könnt ich mich auch mit einer Blindschleiche anfreun-

Polo
Silvester
für Kids

den. Die hat mehr Ausstrahlung. Katzen sind einfach keine Freunde!

– Ich brauch kein Tier als Freund!

– Kein Wunder. Wo du ja so viele Menschen als Freunde hast. Zum Beispiel noch nicht mal 'ne Freundin!

– Ach! Wollen wir jetzt persönlich werden?

– Ach! Sind wir das nicht schon lange? ...

Es gab eine erneute Pause. Wenn auch mühsam, so näherten sie sich doch langsam, aber sicher ihrem wahren Thema: „Passen Frau und Mann eigentlich zusammen?"

– Bitte, laß uns das Ganze doch mal sachlich sehen: Hunde kosten Hundesteuern. Katzen nicht. Und mit einer Katze muß man auch nicht zehnmal am Tag vor die Tür gehen. Die kann man auch ruhig mal ein paar Stunden allein lassen.

– Von mir aus sogar ein paar Jahre. Aber wozu soll man sich erst eine Katze anschaffen, wenn man sie dann sowieso allein lassen will? Im übrigen kann man mit so einer Katze rein gar nichts unternehmen. Einen Hund kann man wenigstens überall mit hinnehmen! Sogar im Auto.

– Katzen kann man auch mit im Auto nehmen.

– Ja, nachdem man das kreischende und krallende Viech in einen Korb eingeschlossen hat, sonst jammert und winselt sie die ganze Zeit in Panik durchs Auto, krallt einem auf dem Kopf rum, kriecht unters Bremspedal ...

– Kein Wunder bei deiner Fahrweise!

– Eine Katze gehört nicht ins Auto und eine Katze gehört auch nicht in die Wohnung, die gehört raus!

– Phh! Ein Hund erst recht! Der rülpst ... und furzt ...

– Ja und? Gemütlich!, sage ich. Der benimmt sich

eben ganz normal! Und nicht so geziert und verklemmt. Und, wo wir grad beim Thema sind: Ein Hund macht einfach auch gute Laune! Der freut sich! Und ist fröhlich. Sind Katzen fröhlich? Nie. Die sind höchstens falsch ...

– Katzen brauchen nicht fröhlich zu sein, die sind einfach schön! Einfach wunderschön anzusehen! „Ästhetisch“ – falls du das Wort kennst!

– O ja! Besonders diese ästhetische Art, wie sie sich ins Katzenklo hinhocken und so dumm und leer vor sich hin glotzen, während sie ihr Ei legen. Und dann stundenlang manisch direkt neben ihrem Riesenhaufen rumscharren, als ob das was helfen würde. Zu blöde, um ...

– Glaubst du vielleicht, du siehst auf dem Klo intelligenter aus, wenn du da bei offener Tür rumhockst? Falls du überhaupt mal geruhst, dich hinzusetzen! Aber der Herr will ja am liebsten so wichtigtuerisch wie sein Hund alles am besten im Stehen vollpissen, daß es nur so in die Gegend spritzt!

– Ach, jetzt geht das wieder los! ...

– Ja, jetzt geht das wieder los! Das ist nämlich einfach eklig! Und Hunde sind genauso eklig! Die jiffeln und rammeln immer nur rum und bocken dich ans Bein!

– Ach? Und Katzen? Küssen die sich vielleicht beim Koitus? Die kreischen und beißen sich dabei!

– Na und? Das hast du doch auch ganz gern ...

– Sie hassen sich beim Geschlechtsakt!

– Ich dich erst danach.

– Wiiie bitte?

Ich erhob mich und ging. Die beiden diskutierten weiter. Wer weiß, vielleicht werden sie sich ja auf ein Terrarium einigen. Mit Klapperschlangen, Gelbbauchun-

ken und Ochsenfröschen. Oder sie greifen zu dem einzigen Mittel, was bei Mann & Frau und Katz & Hund wirklich hilft: Getrennte Wohnungen.

Aber wenn Sie mich fragen, wie man sich denn nun entscheiden soll, wenn es wirklich einmal um Katze oder Hund geht ... Das ist doch ganz einfach:

Der Kopf ist für die Katz.
Aber das Herz ist für den Hund.
Wenn man eins hat.

Herrn Albuschies' Katze

„Du bildest dir seit Jahren ein, ich könne nicht sprechen", sagte die Katze zu Albuschies, „hab' ich recht?"

„Ist das denn verwunderlich", entgegnete Albuschies, „wo doch erstens Tiere im allgemeinen nicht sprechen können und zweitens du im speziellen seit deiner Geburt die Schnauze gehalten hast?"

„Du hast recht", sagte die Katze, „woher solltest du auch wissen, daß ich sprechen kann. Aber jetzt weißt du's, und nun wollen wir ein wenig plauschen, einverstanden?"

„Ach, ich weiß nicht", sagte Albuschies, „mir ist eigentlich gar nicht nach Plauschen zumut'. Vielleicht ein andermal."

„Gut", sagte seine Katze, „aber ich glaube nicht, daß ich noch einmal in meinem Leben die Schnauze aufmache, jedenfalls nicht zum Reden."

„Dann laß es eben bleiben", sagte Albuschies.

Da rollte sich die Katze ein und schlief weiter.

Das sakrale Tierbild

Heute: A. Dürer „Betende Katze"

Die Aufräumungsarbeiten in den Katakomben des Kreuzbergs förderten auch ein längst verschollen geglaubtes Spätwerk des bekannten Malers Albrecht Dürer zutage.

Der schlichten Einfalt der tiefreligiösen Tigerkatze kann sich auch ein nichtgläubiger Mensch schwerlich entziehen.

Die Vorstudien zu diesem Spitzenbild, die „Betenden Hände", waren noch ziemlich hingepfuscht, aber Dürers Stärke waren auch eher Hasen und Katzen.

Für die Statistiker:

Schon gehört?

Fast 33% aller Hauskatzen wären lieber ein Löwe!

7% wären lieber ein Adler!

5% wären lieber ein Bär!

4% wären lieber ein Wildschwein!

2% wären lieber ein Flußpferd!

Aber nicht einmal 1% aller Katzen wären lieber eine Maus!

Das is 'n Ding!

11% aller Katzenbesitzerinnen mögen Beethoven!

46% besitzen einen Herd mit Ober- und Unterhitze!

Und ganze 65% kraulen lieber ihre Katze als ihren Lebensgefährten!

Nicht zu fassen!

12% aller Hauskatzen heißen ‚Felix'!

95% hätten lieber 8 Leben!

Aber nur 33% aller Katzen würden Whiskas kaufen!

Welche neue Sorte Katzenfutter würde Katzen ganz besonders gut schmecken?

Wir testeten 1853 Katzen.

11% bevorzugten die Sorte ‚mit Goldfisch'!

13% die Sorte ‚mit Kanarienvogel'!

25% die Sorte ‚mit Maus'!

Und ganze 51% fanden die Sorte ‚mit Hund' am leckersten!

SCHNURREN UND SCHNORREN IST HIER NICHT GE-STATTET!
brauche Mäuse

Der abgeschlossene Katzen-Roman

Gerhard Schropps Wiederkehr

7.10. Die Buchmesse ist wie immer unerträglich. Mindestens eine Million Menschen drängeln sich zwischen den Boxen und verpesten die Luft. Die Damen tragen neuerdings zerwühlte Frisuren, die Herren immer noch erstaunlich oft Cordsakko. Mit Lederflicken auf den Ellbogen. Ja, ja. Mit welcher Hartnäckigkeit sich dieses Ingrediens lässiger Intelligenz hält. Ein Uneingeweihter, der sich das erste Mal auf der Buchmesse befände, würde außerdem mit Sicherheit glauben, es ginge während dieser Veranstaltung in erster Linie um Brillen. Was für Brillen! Während der Lesung eines offensichtlich wahnsinnigen Dichters Bekanntschaft mit einer ansehnlichen Frau gemacht. Hilde ließ ein solch explodierendes Lachen hören, daß ich nicht umhin konnte, mitzugurren. Dann kramten wir gemeinsam am Bücherstand, und ich berührte ihren Zeigefinger. Sie schmunzelte und ist Lektorin bei Einhorn.

8.10. Mein Geburtstag. Zur Feier des Tages auf die Buchmesse; oder war es doch eigentlich wegen Hilde? Am Einhornstand sah sie mich über ihre – reizende – Lesebrille an. Ich befragte sie kritisch zu den Produkten des Verlages und gab mich schließlich widerstrebend als Autor zu erkennen. Das zieht normalerweise immer. Leider hat Hilde noch nie von mir gehört. In meiner Not fahre ich die Geburtstagsschiene und „so allein in der großen Stadt". Sie hat wohl Mitleid und fragt, ob ich nicht auf die Einhorn-Party am Abend kommen will. Ich will.

10.10. Es ist was passiert. Auf der Einhorn-Party habe ich mit einem Herrn Kramm um Hildes Gunst gebuhlt. Er ist etwas zu früh täppisch geworden und hat den kürzeren gezogen. Frauen sind wie Katzen. Wenn man ihnen allzu früh zu nahe kommt, wollen sie sich nicht kraulen lassen. Es klappte dann alles ganz schön. Hilde nahm mich mit in ihre Altbauwohnung in Sossenheim. Apropos Katzen: Im Schlafzimmer lag ein dickes, gestreiftes Biest und musterte mich mit gelben Augen nachdenklich. Seltsam. Irgendwoher kenn ich diese Katze. Kann aber nicht sein, denn sie ist Hilde erst vor drei Monaten zugelaufen.

12.10. Ich darf ein paar Tage bei Hilde wohnen. Sie kann mich wohl ganz gut leiden. Außerdem weicht mir Burrle – das dicke Katzenbiest – nicht von der Seite. Hilde meint, das sei beachtlich. Wenn sonst Fremde auftauchten, würde sie sofort ins Wohnzimmer kotzen. Burrle, nicht Hilde.

13.10. Hilde gefällt mir wirklich gut, und ich könnte den ganzen Tag mit ihr kuscheln. Wenn ich könnte, wie ich wollte. Wenn mich Burrle ließe. Immer wenn ich mich nämlich dem Frauchen in eindeutiger Absicht nähere, galoppiert Burrle von irgendwoher an und wirft sich störend zwischen uns. Tatsache. Schnurrt und gräbt mir in scheinheiliger Begeisterung die Krallen in den Unterleib. Sogar den Versuch, sie aus dem Schlafraum zu sperren, hat sie erfolgreich torpediert. Zwanzig Minuten miaut wie eine Sirene und dabei unablässig mit den Pfoten an die Tür getrommelt. Hilde konnte sich überhaupt nicht konzentrieren und hat das Tier hereingelassen. Burrle katapultierte sich sofort aufs Bett und sah mich neugierig an, wie ... ja, wie ...? Ich kenne diese Katze.

14.10. In mir gärt ein Gedanke, den ich gar nicht so gerne in mein Tagebuch schreibe. Man könnte den Verdacht hegen, ich hätte nicht alle auf der Latte. Aber: Burrle ist Gerhard Schropp. Schropp, der esoterische Tanzbär. Ich hab ihn nur diesen einen Sommer auf La Gomera gekannt. Wenn Burrle aus dem Kittekattopf auftaucht und mich unterwürfig anblickt ... wie Gerhard Schropp seine Gulaschsuppe löffelnd. Nie hätte ich mir träumen lassen, ihm auf diese Art und Weise wieder zu begegnen. Die Sache mit seiner Freundin Petra ist schließlich schon ewig her. Ich bin ja nicht mal mit ihr gegangen, anschließend.

15.10. Kein Zweifel mehr. Es ist Schropp. Dieser fragende Blick, diese Barthaare ... sogar die Krawatte!

Burrle alias Schropp hat eine Zeichnung auf der Brust, die mich auf fatale Weise an die alberne Lederkrawatte von Gerhard Schropp erinnert. Unglaublich, was es für Dinge zwischen Himmel und Erde gibt. Ich komme nichtsahnend zur Buchmesse, treffe Hilde und anschließend ihn. Ausgerechnet ich, der ich wieder und wieder die Reinkarnation verhöhnt habe. Vor Zeugen. Sicher auch damals beim Tanzworkshop auf La Gomera. Sicher auch in Anwesenheit von Gerhard Schropp. Nicht genug damit, hab ich auch noch was mit seiner Begleiterin Petra angefangen. Aus Kummer sei er dann nach Darmstadt verzogen. Und ist dort wahrscheinlich irgendwie verstorben. *Suizid?* Jetzt rächt er sich an mir, wegen der Sache mit Petra.

16.10. Das Verhältnis zu Hilde ist merklich abgekühlt. Nicht nur, weil wir keine Minute ungestört sind, Hilde hat mich dabei ertappt, wie ich der Katze ein Schild vor die Nase gehalten habe: „Gerhard Schropp ist ein fettes Biest." Hilde fand das sehr befremdlich; dabei wollte ich Schropp nur aus der Reserve locken und ihn dazu zwingen, Farbe zu bekennen. Aber: Er ist clever, das muß ich zugeben. Auch als ich hinterrücks eine CD mit Ethno-Getrommle eingelegt habe, hat sich das Vieh nicht bewegt. Na ja, Schropp konnte noch nie tanzen. Hilde hat sich dazu bereit erklärt, mich zum Bahnhof zu fahren.

18.10. Kurzer Abschied. Immerhin konnten wir uns auf dem Bahnhof endlich ungestört umarmen. Ich habe mich reaktiv nach Schropp umgesehen. Er war aber nicht da. Warum auch? Schließlich hat er seine Mission erfüllt.

Wenn Stubenkatzen auf Jagd gehen...

Traurig, aber wahr:

Unzucht

Wie man hört, soll eine Unart der Hundezüchter jetzt auch auf Katzenliebhaber übergegriffen haben: Die Zucht von Kampfkatern. Da werden bedenkenlos Siamkatzen mit Wild- oder Tigerkatzen gekreuzt, und heraus kommt ein Kung-Fu-Kater, der Rentner in der U-Bahn erschreckt, über kleine Kinder herfällt oder die Whiskas-Dose mit einem einzigen Schlag zertrümmert. Um seine Aggressivität zu erhöhen, zeigt der Züchter ihm von Kätzchenbeinen an Filme wie „Der Tiger von Eschnapur“ oder „Der Leopard“.

Und das haben wir dann davon:

Kuno, der Karnickelkiller

Theo, der Teckelwürger

Schorsch, der Schachtel-schänder

Erforscht und erfunden:

Katzenauge

Kaum ein Lebewesen hat sich im Laufe der Evolution besser an seine Umwelt angepaßt als die Katze. Sie fängt besser Mäuse als ein Hamster, verschläft mehr Zeit am Tag als ein Verwaltungsbeamter und fällt eleganter aus dem vierten Stockwerk als ein Kürbis. Diesen Vorteil verdankt sie nicht zuletzt einer bewundernswerten Eigenschaft ihrer Pupillen. Je nach den Erfordernissen sind diese nämlich in der Lage, sich zu erweitern oder zu verengen.

Abb. 1

Abb. 2

Abb. 1a

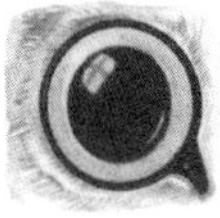

Abb. 2a

Wenn die Katze beispielweise einen hohen, dünnen Baum (Abb. 1) angucken will, dann werden die Pupillen ganz schmal (Abb. 1a). Ist der Baum dagegen eher dick und rund (Abb. 2), paßt sich auch die Pupille an (Abb. 2a). So wird nicht nur eine Menge überflüssiges Licht eingespart, sondern der Sehnerv ermüdet auch nicht so schnell und kann viel länger Bäume ansehen.

Ein Tip am Rande: Wenn Ihre Katze Sie immer mit großen, runden Pupillen ansieht, sollten Sie einmal über eine Diät nachdenken ...

Die vegetarische Katze

Die Katze ist ein Haustier der gehobenen Mittelklasse, das jedoch leider noch einige entwicklungsbedingte Gebrauchsschwachpunkte aufweist.

So können Pluspunkte im Komfort wie serienmäßige Knautschzone und angenehm schnurrendes Motorgräusch nicht über den hohen Verbrauch insbesondere an Sesseln, Kanarienvögeln und Goldfischen hinwegtäuschen.

Dieser Schwachpunkt konnte nun entscheidend verbessert werden: Experten gelang es, den Prototyp einer vegetarischen Katze zu entwickeln, die von Branchenfachleuten als der Geheimtip auf dem anspruchsvollen Schmusetiermarkt gehandelt wird.

Die sensationelle Entwicklung einer vegetarischen Katze war bislang für absolut unmöglich gehalten worden, da die Katze ein eigensinniges Naturell aufweist und sich nahezu jeder Dressur widersetzt.

In den jahrelangen Versuchsreihen, Katzen auf Salzgebäck, Müsli oder Hundekuchen umzustellen, brach das räuberisch-karnivorische (fleischfresserische) Grundmuster der feliden Versuchstiere immer wieder durch, und die Wissenschaft schien in diesem Punkt gescheitert zu sein.

Der unerwartete Durchbruch gelang durch eine ausgeklügelte Hypnosetechnik, mit deren Hilfe der Hypnotiseur der Katze einbleut, daß Butterblumen Mäuse am Stiel sind, duftendes Wiesengras ins Kraut geschossene Fischstäbchen sind und der würzige Sauerampfer ein kriechender Günsel ist.

Der Gebrauchswert unserer feliden Freunde steigt nach der hypnotischen Behandlung um ein Vielfaches: Die hungrige Hauskatze wird fortan um unseren Zierrasen schleichen, hier einen dreisten Löwenzahn und dort einen vorwitzigen Wiesenklee anfallen.

„Lecker: Weiße Mäuse!“

Unser liebes Meerschweinchen ist hingegen völlig sicher, da die Katze es für eine Runkelrübe hält. Der vormals so gefährdete Kanarienvogel scheint der Katze eine Sumpfdotterblume zu sein und der Goldfisch im Glas eine eingemachte Karotte.

Unsere vegetarische Katze ist natürlich enorm preisgünstig im Unterhalt geworden: Im Sommer weidet sie den Rasen ab, und für den Winter erstehen wir einen Ballen Heu, der monatelang reicht. Das eingesparte Geld haben wir allerdings auch dringend nötig, da die Katzenhypnotiseure ein Heidengeld kosten. Denn wer möchte schon das Leben seines Kanaris oder Meerschweinchens gefährden, da eine Hypnose ja bekanntlich nur einen Tag anhält?

Der individuelle Luxus einer vegetarischen Katze dürfte diese Nachteile jedoch bei weitem aufwiegen, dazu kommt dieses eigenartige Glücksgefühl, wenn der nette Hypnotiseur wieder einmal unser Gast war, unser Gast war, unser ...

BURN-OUT BEI KATZEN

KATZEN SALON

Gesucht? Gefunden!

Wer hat unseren kleinen Birmakater gesehen? Caspar David Friedrich ist zwei Jahre alt, mintgrün und trägt eventuell noch sein Preisschild am Ohr. Er ist sehr lieb. Seit Sonntag ist er leider nicht mehr nach Hause gekommen. Bitte grüßen Sie Caspar David Friedrich von uns, wenn Sie ihn irgendwo sehen. Heinz und Erna Sack, Greifswald (z.Zt. auf Mallorca).

Hilfe! Schmerzlich vermißt wird eine entzückende türkische Angorakatze in und um Unna. Typisch: Ginger hat lavendelfarbene Vorderbeine mit kastanienroten Pfoten, kein Halsband, keine Tätowierung, keine Ahnung. Ginger wurde angeblich zuletzt in der Nähe des China-Restaurants „Mekong" gesehen. Ginger ist sehr zutraulich, braucht dringend ihre Medizin. Hinweise an: Fam. Blücher, Tel. 0516/172 (nach 19 Uhr).

Schwanzloser Manxkater hat noch Termine frei. Interessiert? Deckadresse: Micki, c/o Prof. Dr. Gualdi, Wuppertal, Postbox 44795.

Wegen einer schweren Allergie muß ich mich leider von meinen 7 verspielten kräuterlikörgrünen Kleinfleckkatzen, 9 quirligen pechschwarzen Maine-Coone-Katzen, 18 extrem verschmusten norwegischen Waldkatern in red-silver-tabby-white, black, blue u. blue-silver-tabby und 38 traumhaften typvollen Katzenbabys in versch. Farben trennen. An Hunde gewöhnt. Nur in liebevolle Hände abzugeben. Mia Michler, Stuttgart. Tel. und Fax 09809/33500.

Sehr, sehr große gelbgraue Katze (1,30 Meter lang, Schulterhöhe etwa 75 cm, Gewicht ca. 35 kg) zugelaufen. Merkmal: Hohe Läufe, lange hochstehende Ohren mit Haarpinseln, sehr starke Pranken, der kurze Schwanz ist am Ende schwarz gefärbt. Kann aus dem Stand bis an die Decke springen. Wer kennt seinen Besitzer? Bitte schnell melden!!!! Habe seit 2 Wochen die Wohnung nicht mehr verlassen, zu gefährlich (paßt auf wie ein Luchs). Claudia Krause, 42281 Zwickau, Filigranstr. 8b (4. Stock).

Seit Anfang März wird eine Abessinier-Katze im Großraum Köln-Bonn vermißt. Merlin ist 10 Jahre alt, schwarz/lila, sehr gepflegt, Top-Zustand, 41000 km gelaufen, viele Extras (z.B. rosa Nasenspiegel). Finderlohn: VB. Angebote unter ☎ 0441/ 52139.

Biete naßgeschwitztes Trikot von Michael „Susi" Zorc (Borussia Dortmund). Suche knuffiges schwarz-gelbes Kätzchen, Marke egal, Hauptsache ein Gewinner-Typ. Maik Kayser, 36179 Bebra, Hauptstr. 118 (3mal klingeln).

Hallo! Wir heißen Kastor und Pollux und sind zwei extrem verschmuste karamelbonbonfarbene Somali-Katzen (4 J. u.knapp 8 Mon.), voll geimpft, voll süß. Unser Frauchen hat uns wg. Heirat ausgesetzt. Wir suchen ein neues Zuhause. Wir sind nur im Doppelpack zu haben. Wer kennt außerdem den neuen Aufenthaltsort von Edelgard Pirsig aus 46325 Borken? Edelgard hat halblanges braunes Haar, ist 44 Jahre alt, duftet nach Gummistiefel und hat zuletzt bei Reifen-Becker in Rheine in der Finanzbuchhaltung gearbeitet. Hohe Belohnung! Bitte melden bei Kastor u. Pollux. Wir wohnen z.Zt. im Tierheim Stuttgart-Degernloch, Tel. 0500/12231 (öfters versuchen).

Vermischtes

Verschenke das Buch „Wohnen mit Katzen" von Hans Schomburgk. Suche möbl. Wohnung in günstiger Lage. Bis DM 3200 warm. Angebote an Hans Schomburgk, 60365 Büdungen-Düdelsheim, Postfach 237a.

Ich bin Felix (3 J.), kastriert und tätowiert und suche SIE für eine feste Partnerschaft. Ich bin sehr romantisch und komme aus Birma (Hobbyzucht). Wenn Treue und Ehrlichkeit für Dich wichtig sind, dann schreibe bitte mit Bild. Chiffre 998-225.

Geschäftsidee! Nehmen Sie Ihre Zukunft selbst in die Hand. Gründen sie eine Katzenwäscherei für nur DM 10 000. Alle Tips und Tricks gibt es bei Jack Borkenhagen, 63000 Bad Münstereifel, Kleiner Schäferkamp 3, Tel. 06598/9363.

Montag, 16.3., 2.30 Uhr, HB, Manteuffelstr., Parkplatz Nähe Frisurenstübchen: Wenn Du, Perserkater, mit toller Augenfarbe und sehr viel Fell, mein „Blinddate" warst, dann melde dich noch mal. Ich war zu schüchtern. Sonst 27.10. gleiche Stelle, gleiche Welle. Lizzy, c/o Poppen, T & F 0421/3390.

Norw. Waldk. (5 J.), sehr sportl., naturverb., su. ein liebes u. treues Kätzchen zum Anlehnen, ev. mit Kind, gerne auch Britisch Kurzhaar oder Russisch Blau. Chiffre NWK 190961.

Nachhilfe in Mäusefangen. Colourpointkatze Nora (4 J.), Tel. 020/4744.

Normaler Hauskater um die 4 J. sucht rassige Katze für gelegentliche Treffen, Spaziergänge, Essengehen. Ich habe das Herumstreunen satt. Sauberkeit u. Diskretion Ehrensache. KW Helmut.

Suche nervenstarke Reisebegleitung für Trip über die Dächer einer Putenmastschlachterei vom 11.9. bis 13.9. im Kreis Vechta. Jeanny (2 J.), ☎ 0441/225 (öfters versuchen).

Hausauflösung! Katzentisch, Paradekissen und einen Karton gegen Gebot abzugeben. Alles gut erhalten. Mephisto, Tel. 0483/600178 (ab 5 Uhr).

Wer mehr als zwei- bis dreimal im Monat morgens mit einem Kater aufwacht, verdoppelt sein Risiko, einen Herzinfarkt oder Schlaganfall zu bekommmen. Ich berate fachlich und ausführlich bei Zucht, Kauf und Haltung von Edelkatzen. Jack Borkenhagen, 63000 Bad Münstereifel, Kleiner Schäferkamp 3, Tel. 06598/9363.

Tausche kleine braun-schwarz getigerte Katze gegen Popkornmaschine oder kleines Karussell oder Karten für „Cats". Ann-Kathrin Wördemann, Hohernzollernrring 12, München, Tel. 089/700261158.

Suche Nachmieter für Autoreifen gegenüber der Kfz-Werkstatt „Autofit" in Kaiserslautern, günstige Warmmiete. Auch ohne Inventarübernahme möglich. Jasmin vom Betzenberg, T. 09055/1116.

Katzenstreuselkuchen jeden Sonntag von 15 bis 18 Uhr im Café „Schmidt's Katze" in Lüchow-Dannenberg, Kirchweg 8. Yamm, yamm.

Schnäppchen!! Riesenauswahl an gebrauchten Katzen und reinrassigen Autos zu super Preisen, bzw. umgekehrt. Gruppe Sitz in Mönchengladbach (nach Atze fragen).

Anzeige

Ist die Katze gesund, freut sich der Hund.

Wer möchte meine Katze „Mrs. Beastly" haben? Laufen tut sie noch bis Ende 1999. Ruft doch einfach mal an. Melanie Kuhlmann, 10567 Berlin, Pawleckistr. 119.

Bremen und umzu: alte Kater oder Resthof günstig gesucht. Dr. Volker Menkhaus-Dietrich, Tel. 0421/8340.

Tausche einen Rauhhaardackel gegen eine Dose Thunfisch. Mäusi, Tel. 0552/71140.

Seriöses Katzenlegen, auch per Telefon. Jack Borkenhagen, 63000 Bad Münstereifel, Kleiner Schäferkamp 3, Tel. 06598/9363.

Rent a cat! Edo Wemken, Verleih von Katzen aller Art, Hemmstr. 37, 87770 Memmingen.

Verspielte Maine-Coon-Kätzin „Baronin“ (3 J.) erteilt qualifizierten Kuschel- und Schmuseunterricht. Alle Rassen. Baronin, Bonn-Godesberg, PF 1550.

Ratten, Mäuse, Vögel, Wellensittiche und kleine Häschen vermittelt laufend Mirco Holterfeld, 89045 Lörrach, Teichweg 5.

Ich vermisse seit dem 4.1. meinen Judoanzug. Belohnung! Perser-Kater „Mandela“, Tel. 0411/389999.

Kartäuserkätzchen, 3 Stck., schmusig, 6 Wochen alt, nur an ganz liebe Hunde gg. Schutzgebühr. Tel. 04977/42390.

Operation! Suche dringend türk. Angorakater, die mir mit ihren Erfahrungen, pos. oder neg., bezügl. Kastration weiterhelfen können, mögl. aus HH, suche dort Klinik auf, wenn Entschluß feststeht. Diskr. zugesichert. Bürmi (6 Mon.), Tel. 0221/9777791.

Bei Katzen lassen sich Weibchen und Männchen unterscheiden. Katzen baden gerne. Deshalb sollte ihnen ein Badehäuschen zur Verfügung stehen, so bleibt auch das Fell glänzend. Noch mehr kostenlose Tips für Katzenbesitzer von Jack Borkenhagen, Ihr Partner in Sachen Katzenhaltung, 63000 Bad Münstereifel, Kleiner Schäferkamp 3, Tel. 06598/9363.

Der Kratzbaum des Jahres

Deutsche Eiche furniert. Steht fest und sicher da. Ein Kratzbaum für jede Gelegenheit. Direkt vom Hersteller. Für 3890 Mark. Bei Möbel-Müller. Bestell-Nr. 303.10.70. Auch Ihr „Stubentiger“ wird begeistert sein.

Ein Öko-Tip, der uns mißfällt ...

In vielen Haushalten, auch in sogenannten alternativen, stehen Katzen nur nutzlos herum. Sie sind unausgelastet und werden eigenartig. Das muß nicht sein! Dabei sind unsere samtpfotigen Freunde unersetzliche Helfer im Haushalt, als nützliche Aufnehmer z.B. (s. Foto).

Anstelle des kratzigen, schmuddeligen Ekel-Lappens ein sich selbst reinigender, schmeichelweicher und schnelltrocknender Katzenfeudel, der zudem immer wieder verwertbar ist.

Vorsichtigen Schätzungen zufolge könnte man allein aus der in Berlin eingesparten Menge der Lappen eine Hose anfertigen, in die man den gesamten Reichstag reinstecken könnte!

Das Tier und wir:

Die Katze – Dein Freund und Helfer

Als Katze hat man es wirklich schwer. Das Leben könnte so schön sein, wenn da nicht die Menschen wären. Haben Sie sich schon mal überlegt, warum wir Katzen die haarlosen Zweibeiner bestenfalls ignorieren? Genau, die sind einfach unter unserem Niveau. Zum Beispiel Ralf, der Typ, der glaubt, ich würde zu ihm gehören. Als ob man einen Kater in einer piefigen Vorstadtwohnung gefangen halten könnte. Wenn ich will, bin ich ruckzuck draußen. Und bei Vollmond geht hier im Viertel echt die Post ab. Von meinem Sexualleben kann dieser Ralf doch nur träumen und das, obwohl ich kastriert bin. Ich kann ja verstehen, daß Ralf alleine lebt, aber mit den Weibchen hat er es trotzdem einfach nicht raus. Wenn er mal eine in sein Revier schleppen kann, endet das regelmäßig in einem einzigen Desaster. Ralf bereitet sich ja schon immer tagelang vorher auf die Paarungszeit vor. Er wischt Staub, kauft ein und übt nachts unter der Bettdecke. Stümper! Denn wenn sie dann endlich da ist, vermasselt er immer alles. Dem letzten Weibchen hat er doch tatsächlich Mettbrötchen mit Zwiebeln und Dosenbier angeboten! Das mag noch nicht mal ich! Das Weibchen mußte dann auch ganz schnell wieder los. War aber nicht schade drum, denn die roch nach Hund.

Eigentlich tut Ralf mir ja leid. Menschen müssen sich schließlich auch mal paaren. Nachher stirbt die Rasse noch aus, und wir müssen wieder selbst jagen gehen. Nein, dafür habe wir die Menschen nicht mühselig domestiziert. Deswegen habe ich beschlossen, Ralf zu helfen, wenn das nächste Weibchen hier auftaucht. Denn von Frauen verstehen wir wirklich etwas. Schließlich waren viele Menschenweibchen im früheren Leben selber Katzen. Na ja, bis auf die, die Waschbären oder so ein Zeug waren. Aber das ist eine andere Geschichte.

Wenn Ralf läufig wird, merkte ich das immer schon ein paar Tage vorher. Er hat dann diesen bestimmten Geruch, den man bei ihm aber nur frühmorgens wahrnehmen kann, bevor er sich dann unter dieses fürchterliche Wasserding stellt und sich anschließend mit diesem stechenden Stinkzeugs einsprüht. Wenn es etwas verflogen ist, riecht das immer noch nach Früchten und Pflanzen. Mit so einem Geruch kann man höchstens Hummeln dazu bringen, einen zu bestäuben. Wir Katzen fahren auf den Geruch zwischen unseren Beinen ab. Warum sollte das bei Menschen anders sein?

Der Abend der Verabredung war gekommen, als Ralf sich sogar abends noch mal wusch. Ich inspizierte die Kleider, die er sich auf dem Bett bereitgelegt hatte. Die Hose war in Ordnung, das Hemd ging so, aber das Jackett eine kratzige Katastrophe mit Mottenkugelgeruch. Ätzend! Sollte ich ihm mit meinen Krallen mal schnell das Revers zerfetzen? Nein, das würde der Trottel womöglich nicht mal merken. Also blieb nur noch die Notbremse. Ich gebe zu, es ist nicht die feine Art, auf Jacketts zu kotzen, aber was soll man machen? Wenn wir zuviel Blätter vom Zimmerfarn gefressen haben oder das Gewölle im Magen vom vielen Putzen zu groß geworden ist, würgen wir das Zeug einfach raus. Kein Mensch kann uns dafür böse sein, so ist nun mal die Natur. Ralf sah das nicht ganz so und fluchte wie ein Bierkutscher, als er das besudelte Revers unter Wasser hielt und damit nur noch alles schlimmer machte. Fast hätte er nach mir getreten, doch dann erinnerte er sich wohl wieder an die Kratzer an seiner Wade, deren Narben bis heute noch gut zu sehen sind. Menschen muß man sofort bestrafen, wenn sie sich nicht benehmen, sie nur zu ignorieren hilft nicht.

Das Abendbrot fiel mager aus. Ralf dachte wohl, er könne mich bestrafen, wenn ich nur Trockenfutter und Wasser bekomme. Weit gefehlt. Ist nur gut, wenn er mich mit diesem Zeug verschont. Unter dem Sofa habe ich für alle Fälle noch ein paar besondere Leckereien versteckt. Immerhin trug Ralf seinen weichen dunkelblauen Pullover, als er ging. Damit würde er bei den Weibchen bestimmt besser ankommen.

Ich legte mich auf meinen Lieblingsplatz oben auf den Schrank, wo ein paar alte Zeitungen liegen, auf denen ich es schön warm habe.

Ein paar Stunden später kam Ralf wieder zurück und hatte ein scheues Weibchen im Schlepp. Die würde nicht einfach sein, das sah man auf den ersten Blick. Nervös sah sie sich um, musterte die Einrichtung und runzelte die Stirn, als sie auf das spärliche Bücherregal blickte. Ralf fuhrwerkte in der Küche herum, wohl um etwas zu trinken zu besorgen. Die Frau setzte sich total verkrampft aufs Sofa und strich an ihrem Rock herunter. Zeit für meinen Einsatz.

Ich sprang vom Schrank und stolzierte über den Wohnzimmerteppich.

„Oh, du hast ja eine Katze. Komm, Mieze, Mieze."

Sie hatte sich nach unten gebeugt und hielt ihre Hand nahe dem Teppich, als hätte sie etwas zu fressen darin. Für wie dumm halten Menschen Katzen eigentlich? Kaum war man nahe dran, greifen sie einen, packen einen wie eine Plastikpuppe in einer unbequemen Haltung auf ihren Schoß und betatschen einem das Fell. Da hilft dann nur noch, die Krallen auszufahren. Aber ausnahmsweise würde ich der Lady den Gefallen tun, mich streicheln zu lassen. Das wird sie entspannen. Hoffentlich roch sie nicht nach Hund. Mit zwei Sätzen war ich auf dem Sofa und rieb meinen Kopf an ihrem Oberschenkel.

„Die ist aber süß. Ich wußte gar nicht, daß du eine Katze hast. Ich mag Leute, die Katzen haben. Die sind so ... Wie heißt sie denn?"

Ralf stellte zwei Weingläser auf den Couchtisch und setzte sich neben sie.

„Morle, er ist ein Kater."

Ihre Hand hielt etwas im Streicheln inne. Sie musterte mich. Ich schmiegte meinen Kopf in ihre Hand und legte meine Pfote sanft auf ihren Schenkel.

„Nein, was für ein süßer Kerl."

Immer inniger begann sie mich zu kraulen. Ich wollte Ralf ja nicht das Weibchen ausspannen. Zeit, abzuhauen. Ich wand mich blitzschnell aus ihren Händen und sprang zurück auf den Boden. Sie versuchte mich noch zu haschen, doch ich war natürlich schneller. Menschen sind so plump.

„Laß uns anstoßen." Ralf reichte ihr das Glas.

„Ja, laß uns anstoßen." Sie wirkte schon viel lokkerer als vorhin. So ein paar Streicheleinheiten wirken doch Wunder. Aber Ralf ist einfach zu blöd. Statt ihr näher auf die Pelle zu rücken, fängt der Kerl an zu erzählen, als rede er um sein Leben. Sie nickt mit dem Kopf, strafft ihren Oberkörper und rückt immer weiter von ihm ab. Bei solchen Stümpern wie Ralf ist es

DAS MEINTE ICH NICHT MIT ARTGERECHTER HALTUNG!
Polo

ein Wunder, daß sich Menschen überhaupt fortpflanzen. Würde er noch ein paar Minuten länger reden, würde sie bestimmt gleich gehen. Ich sprang auf den Wohnzimmertisch und tat so, als würde ich eine Fliege jagen. Unter diesem Vorwand ist uns Katzen alles erlaubt: Auch, mit einer geschickten Schwanzbewegung das halbvolle Rotweinglas in ihren Schoß zu befördern. Sie schrie, beide sprangen auf und wischten an den Weinflecken herum. Ralf schimpfte über mich und faselte etwas von „Reinigung bezahlen". Ich strich um ihre Beine und schnurrte.

„Ach, laß doch, ist nicht so schlimm. Er wollte doch nur spielen. Siehst du, er entschuldigt sich doch schon bei mir."

Sie nahm mich auf den Arm, und ich schmiegte mich an ihren Busen. Für ein paar Sekunden gab es nur uns zwei. Ich blickte zu Ralf, der wie ein begossener Pudel neben uns stand. Er hätte wohl gerne mit mir getauscht.

„Salz, wir müssen die Flecken mit Salz abreiben", rief Ralf.

„Das ist doch nicht nötig ..."

„Das hilft bestimmt. Habe ich mal irgendwo gelesen."

Ralf lief in die Küche und kam mit einem Paket Salz zurück. Er stockte.

„Du mußt dafür den Rock ausziehen. Und die Bluse hat auch was abgekriegt."

An ihrer Brust liegend, konnte ich hören, wie ihr Herz einen Sprung machte und ihr Atem schneller ging. Sie verkrampfte sich aber wieder. So eine Angsthäsin. Ich hob meinen Kopf und kitzelte sie mit meinen Barthaaren an der empfindlichen Stelle am Hals. Sie giggelte und drehte den Kopf. Mit meiner rauhen Zunge leckte ich sie sanft in der Kuhle am Hals. Ich spürte noch ihre Gänsehaut, ehe sie steil auflachte und mich schnell zu Boden setzte.

„Du hast einen merkwürdigen Kater. Bekomme ich denn was anderes zum Überziehen?"

„Ja klar, ich leihe dir erst mal meinen Bademantel."

Die Frau ging ins Bad und kam mit Ralfs weichem weinroten Bademantel zurück. Beide rieben an ihren Kleidern rum bis Ralf sagte: „So das muß jetzt noch eine Weile einziehen." Sie setzten sich dann wieder aufs Sofa und stießen mit den frisch gefüllten Gläsern an. Sie sah hinreißend in seinem Bademantel aus. Besonders, weil er dazu neigte, an den entscheidenden Stellen offenzustehen. Anfangs zog und zupfte sie immer wieder alles zurecht, doch nach einer Weile gewährte sie ihm Einblicke, die Ralfs Hormone in Schwung brachten. Schade, daß sie kein Fell hatte. Es dauerte nicht lange, bis sie sich küßten und streichelten. Eng umschlungen lagen sie auf dem Sofa und verhedderten sich in ihren Kleidern. Ich sah mir das eine Weile an und fand, ich hätte das ganz gut hingekriegt. Zeit für was Neues. Über das halbhohe Regal gelangte ich wieder oben auf den Schrank. Ich ging bis an die Wand zurück, duckte mich und setzte zum großen Sprung an.

Mit ausgefahrenen Krallen landete ich auf Ralfs nacktem Rücken. Er schrie und schlug um sich. Fluchend rappelte er sich hoch und verfolgte mich um die Möbel herum. Er kriegte mich natürlich nicht. Ruckzuck war ich wieder bei der Frau, die mich in ihre Arme schloß.

„Ich glaube, hier ist jemand eifersüchtig", sagte sie lachend. Ihre sanfte Haut roch gut. Ich kitzelte sie mit meinen Barthaaren an den gewissen Stellen.

„So weit kommt es noch, daß ich mir von meinem Kater die Frau ausspannen lasse", schmunzelte Ralf und packte mich am Nacken. Mit der freien Hand öffnete er das Fenster und setzte mich nach draußen. Das war genau, was ich wollte. Schließlich war Vollmond, und an der Ecke trieb sich eine neue Katze rum.

Hundraub

Auch Katzen betreiben Vorratshaltung. Hier sehen wir den Wintervorrat einer Angorakatze. Diese Spezies vergräbt ihre Beute gerne vorsorglich, um für die harten Wintermonate gerüstet zu sein.

Der Kopf des Beutetieres, in diesem Falle ein stattlicher Dobermannrüde, bleibt dabei im Freien, damit sich kein Fremder am Wintervorrat der umsichtigen Katze vergreift.

Kleine Katzengeschichten

Katzen sollen in Hannover an der Leine ins Freie. Das sieht ein geheimer Gesetzesentwurf der niedersächsischen Landesregierung vor. Oberregierungsrat Brachvogel: „Ich hasse Katzen. Sie töten Schafe, Ziegen, Mäuse, Vögel, Eidechsen, Rehe, Rentiere, Wildschweine, Waldhühner, Hörnchen, kleine Nagetiere usw., ferner Lurche, junge Zwergkaninchen und alte Hasen, verschiedene Antilopenarten, Kerbtiere, gelegentlich auch wohl unbewachte Kronenkraniche, Kitze und Krebse. Deshalb gehören sie ebenso wie Hunde an die Leine." Eine Katzenfreundin: „Rückschritt ins finsterste Mittelalter!"

◆

Normalerweise bringen Katzen von ihren Streifzügen Mäuse, Rollmöpse oder Vögel mit nach Hause. Aber „Chabrol", die grünäugige Siamkatze eines Theologiestudenten aus Münster in Westfalen, legte seinem Herrchen ein besonderes Beutestück unters Hochbett: nachtblaue Edeldessous mit zarter Spitze. Der Studi außer sich: „Ein tolles Gefühl, daß man nicht vergessen wird!" Nun sucht er dringend die Besitzerin der feinen Unterwäsche. Bitte melde dich!

◆

Eine Hausfrau aus Birmingham (England) brachte ein streunendes Kätzchen mit nach Hause. Der Perser mit Pekinesengesicht besetzte sofort den Fernsehsessel des Hausherren. Der wütend zu seiner Frau: „Entscheide dich – der Perser oder ich!" Der Mann zog aus. Jetzt Scheidung.

◆

Achtung! Rinaldo (8) ist wieder unterwegs. Die rauchfarbene Pampaskatze aus Leipzig rückte mit Impfpaß, etwas Trockenmilch und einem handgetöpferten Keramiknäpfchen aus. Letztes Jahr war Rinaldo nach einem Streit mit seinen Besitzern verschwunden – es ging um eine umgekippte Milchschüssel. Damals schaffte Rinaldo es bis in die Türkei. Diesmal wissen die Besitzer überhaupt keinen Grund. Sein Frauchen kriegte einen zweiten Herzinfarkt, gibt aber nicht auf: „Rinaldo reißt eben gerne aus!"

◆

Wo sich Fuchs und Hase noch „Gute Nacht" sagen:

Dutzende Briefe hatte Marie Hintzpeter (7) an US-Präsidenten Bill Clinton geschrieben, aber nie Antwort erhalten. Darüber ärgerte sich die Wuppertaler Erstkläßlerin, daß sie schriftlich drohte: „Ich sprenge Socks in die Luft!" Jetzt kam die Antwort prompt – in Form von FBI-Agenten, die das sensible Mädchen festnahmen und stundenlang verhörten. Kleinlaut versprach Marie: „Ich werde weiter schreiben, aber die Katze von Clinton aus dem Spiel lassen." Besser so.

◆

Ein Kölner (63) war sehr erstaunt, als jetzt seine längst totgeglaubte Katze vor seiner Haustür in Mönchengladbach stand. Die Schwarzfußkatze „Schorlemorle“ war während seiner Flitterwochen in der Algarve ausgebüxt, hatte fast fünf Jahre für die knapp 13 000 Kilometer lange Strecke von Portugal nach Deutschland gebraucht. „Nein, diese Katze!“, sagte der Rheinländer ein ums andere Mal tränenüberströmt.

◆

Ein Reisetip, der uns mißfällt ...

Wohin mit der Katze im Urlaub?

Mitnehmen natürlich! Wir nähen die kleine Kratzbürste in einen festen Bezug ein.

So verlieren wir zwar einen guten Freund, aber gewinnen dafür ein praktisches Reisekissen, das auch im Rückfenster was hermacht.

Die klügste Katze der Welt lebt in Brüssel, heißt „Bangemann" und hat die Intelligenz eines 12jährigen Kindes. Die getüpfelte Marmorkatze führt Gespräche mit Menschen. Beispiel: Seine Besitzerin hält zwei verschiedenfarbige Freizeitsocken hoch, fragt: „Wie viele?" Katze: „Zwei!" – „Und was ist der Unterschied?" – „Farbe!" Nicht schlecht, Herr Specht!

◆

Fünf Jahre nach der Explosion eines Wohnhauses in Mexico City wurde eine mexikanische Nacktkatze aus den Trümmern geborgen. Sie hatte in einem Hohlraum unter einer Betonplatte überlebt, Samba getanzt, Regenwassser getrunken. Ein Tierarzt: „Unglaublich! Die mexikanische Nacktkatze gilt eigentlich als ausgestorben."

◆

Morgens auf der A6 Kassel–Mailand. Papa stoppt an einer Tankstelle, seine schottische Hängeohrkatze „Grind" (kuschelte im Tragekorb auf dem Rücksitz) geht unbemerkt zum Katzenklo. Wenig später fährt er wieder los – ohne Katze. Nach sieben Stunden schlägt die Mama auf dem Beifahrersitz Alarm. Sie bemerken den Verlust, kehren um. Happy-End. „Grind" war auf dem Klo eingeschlafen.

◆

Die niedliche Himalajakatze „Yeti" verbrachte drei Tage auf einem Baum und dachte, sie hätte jetzt den Weltrekord. Leider hatte sie sich im Guinnessbuch der Rekorde verguckt. Die japanische Stummelschwanzkatze „Nagano" sitzt nämlich seit drei Jahren (und nicht Tagen!) auf einem Baum.

◆

Rätsel um eine etwa vierjährige Flachkopfkatze. Hat die Katze ihr Gedächtnis verloren? Sie bat in einer Imbißbude in Berlin-Mitte: „Holt bitte den Tierarzt, ich weiß nicht, wer ich bin und wo ich herkomme." Die Katze spricht nur schwäbisch, hat ein dunkelbraunes Fell und behauptet, sie heiße „Fischkopp". Ob das alles stimmt?

Aus Sprache und Wissenschaft

Die Katze

Gibt es Romane, deren Hauptfigur eine Kuh oder ein Schaf ist? Romane, deren Helden Hunde oder Katzen sind, gibt es sehr wohl – etwa „Der Hund, der Herr Bozzi hieß" von Istvan Békeffy oder E. T. A. Hoffmanns „Lebensansichten des Katers Murr". Ein Roman aber, in dem Hund und Katze gemeinsam das Heldenpaar stellen, ist nicht bekannt – sie vertragen sich eben nicht, wie schon der mittelhochdeutsche Autor Freidank um 1220 notierte: „Bi hunden un bi Katzen / was bizen (beißen) je und kratzen."

Die Katze ist ein kleines Tier, ähnlich groß wie ein Ferkel oder ein Hase. So mag es einst wirklich vorgekommen sein, daß jemand glaubte, auf dem Markt einen Festschmaus erworben zu haben und daheim feststellen mußte, daß er nur die Katze im Sack gekauft hatte. Till Eulenspiegel spielte den Leipziger Kürschnern einen solchen Streich, als sie „an der Fastnacht Abent gern Wiltpret hätten gehabt": In der „55. Histori" von Hermann Botes Volksbuch aus dem Jahre 1515 wird berichtet, „wie Ulenspiegel ein lebendige Katz nägt (näht) in ein Hasenfell (und) in einem Sack für einen lebendigen Hasen verkoufft".

Ob als heiliges Tier bei den alten Ägyptern, als Mäusefänger bei den alten Deutschen oder als Luxusgegenstand bei den modernen, die Katze lebt seit Jahrtausenden mit den Menschen zusammen. Davon zeugen auch viele Worte. Katzen sind wasserscheu, deshalb macht, wer sich nur flüchtig wäscht, eine

„Katzenwäsche". (Dabei sind Katzen reinlich, vergraben ihre Notdurft und säubern sich immer wieder durch Ablecken des Fells.) Eine Katze macht keine großen Sprünge, deshalb bezeichnet der „Katzensprung" – das Wort war schon im 16. Jahrhundert üblich – eine kurze Distanz. Der „Katzentisch" ist eigentlich der Fußboden: Dort lauert die Katze auf ein paar Brocken vom Menschentisch. Vor allem Fischreste, Wurstpellen usw. waren „für die Katz".

Manches aber, was von der Katze abzustammen scheint, kommt in Wahrheit ganz woanders her. Die „Katzelmacher" zum Beispiel. Die Österreicher schimpfen damit die Italiener. Als Norditalien noch zur Habsburgermonarchie gehörte, gab es arme italienische Handwerker, die durch die deutschsprachigen Teile des Reiches wanderten und „cazza" herstellten, Löffel oder Kellen. Die „Kesselmacher", die oft Zigeuner waren, spielten sicher auch eine Rolle, um die „Katzelmacher" zum Schimpfwort zu machen.

Gleichfalls nicht von der Katze kommt der „Katzenjammer", sondern vom Saufen. Er ist eigentlich ein „Kotzenjammer". Studenten in Sachsen, wo das „a" oft wie ein „o" ausgesprochen wird, sollen aus Ulk das Wort umgedeutet haben. Ihnen ist auch der „Kater" nach einem Rausch zu verdanken. Er ist der verballhornte „Katarrh", das griechische Wort für Schnupfen, das die Leipziger Bürger ähnlich ausgesprochen haben mögen wie den echten „Kater".

Der Griff in die Geschichte:

Wie es der weise Diogenes einem Pechvogel aber mal ordentlich gab

Als Diogenes mit seiner Tonne über Land zog, kam ein Bauer zu ihm und trat vor ihn hin und sprach also: „Großer Meister, sieh mich an! Ein Unwetter hat meinen Hafer verkrüppelt, meine Ziege hat den Herrn Leonidas gebissen und ist dafür hingerichtet worden, mein Weib treibt es mit Zeus, mein Haus haben die Perser zerstört, und mein Sohn pubertiert. Ich selber aber leide am Grind. Da sage mir, o Herr, gibt es ein Geschöpf unter dem Himmel, das schlimmer dran ist als ich?!"

Diogenes sah den Bauern lange an. Dann sprach er: „Siehe, Bauer, du bist schlimm dran, aber die Katze unseres Nachbarn ist noch weitaus schlimmer dran, denn", sagte er mit bebender Stimme, „das arme Tier hat eine Allergie gegen Katzenhaare. Und nun tummle dich!" schloß er, ließ den verdutzten Bauern stehen und ging seiner Wege.

Der Katzenallergiker

Ohne Frage: Es gibt kaum etwas Erbärmlicheres als den Hundeliebhaber. Wie kann man nur diese stinkenden, winselnden und flusenden Kreaturen lieben, die einem entweder sabbernd und schnaufend die Knie hochruckeln oder devot angeschleimt kommen: Wirf einen Stock, Herrchen! Der Hundeliebhaber ist ich-schwach, kleinkariert und wählt rechts.

Dagegen der Katzenfreund! Ein Stück seines Lebensweges teilt er in Freiheit und Gleichheit mit einem freien Katzenwesen, das stolz und aufrecht die Wohnung durchmißt und je nach Laune ein Stück Leberwurst vom Tisch zieht oder den Mitbewohner mit der Gnade seiner körperlichen Nähe beglückt. Der Katzenfreund ist Demokrat durch und durch. Er kann unabhängige Geister neben sich dulden. Daß sein schnurrendes Gegenüber den wedelnden Köter auch in puncto Ästhetik deklassiert, steht ohnehin außer Frage.

Klar wie Sonnenschein, daß man heute in Gesellschaft am besten als Katzenfreund auftritt. Es gilt als wenig opportun, zu bekennen: Ich bin Katzenallergiker.

Der Katzenallergiker hat stets zwei Feinde: die Katze und den Katzenfreund (die Bezeichnung „Besitzer" weist dieser entrüstet von sich). Zuerst überfällt die Katze den Katzenallergiker mit einer Wolke aus winzigen Härchen und Schüppchen, worauf dieser niesen muß und seine Augen zu tränen beginnen.

In der darauffolgenden Nacht erwacht der Angegriffene zur Unzeit röchelnd und pfeifend, ringt nach Sauerstoff und stürzt zur häuslichen Notfallapotheke. Das Röcheln und Keuchen hält gut und gern eine Woche lang an. Dann trifft er den Katzenfreund wieder. Der fragt voller Teilnahme: Hast du mal überlegt, ob das psychosomatisch ist?

WIE MÖGEN DIE BEIDEN HEISSEN ?

Perfiderweise verseucht die Katze binnen Minuten ein ganzes Haus mit ihrem Atemgift. Das Gift hält sich jahrelang in Polstern und Teppichen. Um dem Katzenallergiker die Luft zu nehmen, ist die persönliche Anwesenheit der Katze nicht erforderlich. Das ist wissenschaftlich nachgewiesen. Und doch hält ausnahmslos jeder Katzenfreund jeden Katzenallergiker für einen eingebildeten Kranken, der nur den fälligen Gang zum Psychiater scheut. Der Katzenfreund ist überzeugt davon, daß der Katzenallergiker aufgrund frühkindlicher Störungen lieber den seidig glänzenden Kleinräubern am Zeug flicken will, als sich um seine eigene seelische Gesundheit zu kümmern.

Daß sein so überaus säuberlicher, katzenklobenutzender Liebling schädliche Stoffe ausdünsten soll, hält der Katzenfreund für schlechterdings undenkbar. Und so versucht er bei jeder Gelegenheit, den Katzenallergiker der Hypochondrie zu überführen. Er setzt den Katzenallergiker in ein Zimmer und behauptet, hier sei noch nie eine Katze drin gewesen. Er beteuert, die Katze sei vor Wochen gestorben, die Wohnung tapeziert und shamponiert worden. Er lügt das Blaue vom Himmel. Alles, um zu beweisen, daß der Allergiker spinnt. Der aber röchelt.

Der Katzenallergiker verliert mit zunehmendem Alter immer mehr Freunde. Nicht daß sie dahinstürben. Doch je älter man wird, je weniger man reist, je öfter man hinterm Ofen sitzt, desto eher denkt man an einen selbständigen und vorzeigbaren Mitbewohner. Warum nicht eine Katze? Reisen kann der Katzenallergiker übrigens schon lange nicht mehr, jedenfalls nicht mit Bus, Bahn oder Flugzeug. O süüüß, ruft es vielstimmig und entzückt im Jumbo, 10 000 Meter über dem Atlantik: In Reihe 15 ist einem geflochtenen Korb ein Tigerchen entstiegen.

Der katzensicherste Ort ist für den Katzenallergiker sein Auto. Er ist ein leidenschaftlicher Autofahrer. Er lacht allerdings gequält und winkt dankend ab, wenn man ihm den Autoaufkleber „Ich bremse für Tiere" schenken möchte. Nein, er bremst nicht für Tiere. Jedenfalls nicht für alle.

Der Katzenallergiker ist kein Katzenhasser. Aber diese Erde ist zu klein für beide, für die Katze und den Katzenallergiker. Krieg herrscht. Einer muß verröcheln.

Fabelhaft!

8 Katzenfabeln

Ein wilder Kater, flink und stark,
entschied einst: „Jetzt ist Hochzeitstag!"
kroch metertief in seinen Bau
und wartete auf eine Frau.
Moral: Er sitzt dort heute noch,
der Kater in dem „Liebes"-Loch!

Hochwohlgeboren saß ein Katz
zu Tisch in Frack und Schlabberlatz,
Zylinder, Schnabelschuhn – allein:
Er schob sich nix als Mäuse rein.
Moral: So mancher hohe Herr
frißt geradeso als wie's Gescherr!

Ein Kater las im Internet:
„Ein Kater ist erschreckend fett."
Nun kannte er sich endlich aus
und ging sehr gutgelaunt nach Haus.
Moral: Man soll die Welt verstehn
und gutgelaunt nach Hause gehn!

Ein Kätzchen ging vor Jahr und Tag
von Hamburg über Köln nach Prag.
Dort wurde es als Gott verehrt
und lebenslänglich eingesperrt.
Moral: Wer das Gefängnis mag,
der gehe über Köln nach Prag!

Ach ja, o weh, das „liebe" Geld:
'ne Katze ging nach Bielefeld,
zu finden Weisheit, Reichtum, Ruhm
und starb erst spät, ja fast posthum.
Moral: Sie bleibt, was sehr erschreckt,
in diesem Falle unentdeckt ...

Ein Kätzchen aus dem Norden Grön-
lands fand die Wüste Gobi schön,
begab sich hin und, ach wie dumm,
kam augenblicks vor Hitze um.
Moral: Den Kätzchen aus dem Eis
bekommt die Wüste nicht (zu heiß)!

Ein Kater aus Afghanistan
fing früh mit dem Klavierspiel an
und brachte es, soviel ich weiß,
zum Schiller- oder Büchner-Preis.
Moral: Wer so gut schreiben kann,
der darf sich das Klavierspieln sparn!

Die wilde Katze schlotterte
und bibberte und stotterte:
„Wa-was ich wirklich nicht versteh':
Seit wann fä-fällt im Juli Schnee?"
Moral: in gar so manchem Wald
ist's für die Jahreszeit zu kalt!

Gnadenlose Tierwelt

Das ist Angorakater Arnulf.

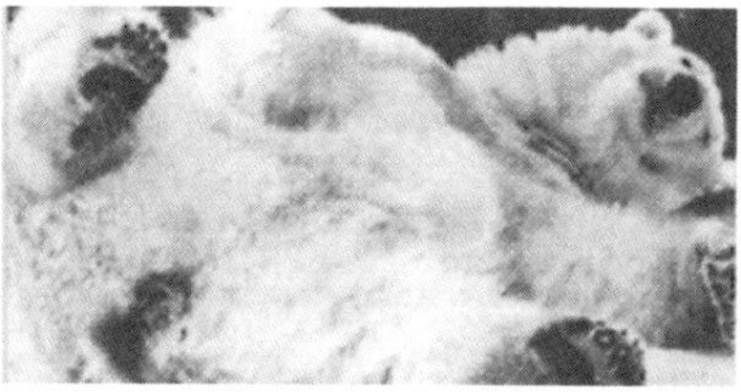

Gestern schlug er
Ede Eisbär nieder

und heute
Hengst Harry.

Und Morgen? Mal sehen, meint Arnulf.

Aus der Welt der Dokumentarfotografie:

Sieger bleibt der Tiger

Unter Lebensgefahr geschossen; ein Dokumentarfoto eines Kampfes zwischen dem Sibirischen Tiger und dem Braunbären. Im Zweikampf der Giganten der einsamen sibirischen Taiga hat die geschmeidige Großkatze den riesigen Braunbären im gewaltigen Sprung angefallen und schlägt ihre furchtbaren Reißzähne in den muskulösen Oberschenkel des vor Schmerz aufbrüllenden Bären. Dieser reißt reflexartig die linke Tatze in die Höhe, um der gefürchteten Raubkatze die Hirnschale zu zertrümmern, doch schon Sekundenbruchteile später ist er ein hilfloses Bündel aus Fellresten und Sägespänen.

Solche dramatischen Tieraufnahmen werden schon in wenigen Jahren nicht mehr möglich sein, denn beide gehören zu den aussterbenden Arten: Braunbär und Dokumentarfotografen, die es wagen, Sibirische Tiger abzulichten ...

MI MI MI
AU AU AU
AR.

Wissenswertes über Katzen

Ich habe keine Katze. Ich hatte auch nie eine. Obwohl ich Katzen eigentlich mag. Es sind so drollige Tierchen, viel drolliger als z. B. Ölsardinen oder Bratheringe, aber die sind ja auch tot. Schmecken aber lekker. Leckerer vermutlich als tote Katzen.

Wobei mir einfällt, daß nach dem Krieg die Bauern ihrem Gesinde sonntags Katzenbraten zu essen gaben, dabei aber behaupteten, es sei Hasenbraten, vermutlich, weil es so ähnlich schmeckt. Die wackeren Mägde und Knechte rochen natürlich den Braten, murmelten zwar verächtlich „Schon wieder Dachhase", aßen den Kadaver aber dennoch, weil sie's mit ihrem Herrn nicht verderben wollten. Und außerdem hätten sie sonst nichts anderes bekommen.

Im großen und ganzen ißt man heute in unseren Breiten vermutlich keine Katzen mehr. Obwohl – es wird in allen Supermärkten Katzenfutter angeboten. Den Rindern hat man ja auch ihre Kollegen zu fressen gegeben, zermahlen zwar, aber es war Rind drin, und als sie es erfuhren, wurden sie wahnsinnig. Ist ja auch verständlich. Ich würde vielleicht nicht gleich wahnsinnig, wenn ich erführe, daß in meinem Studentenfutter von „felix" Student drin wäre, aber erschrecken tät's mich schon. Hat denn wirklich schon jemand Katzenfutter genau untersucht?

Wie gesagt, ich habe keine Katze und hatte nie eine, obwohl ich Katzen eigentlich mag. Das war aber nicht immer so. Früher dachte ich, Katzen sind würdelose, dreckige und doofe Wesen, etwa so wie Hühner oder die Wombats. Wie ich zu dieser Einschätzung kam, weiß ich nicht mehr, aber wie es dazu kam, daß sich meine Meinung grundlegend änderte, daran erinnere ich mich noch genau. Es waren drei Erlebnisse, die mir den edlen Charakter dieses Getiers im allgemeinen und insbesondere drei Eigenschaften vor Augen führten, die sie von allen anderen Tieren unterscheiden.

1. Katzen sind würdevoll

In Berlin lebte ich gezwungenermaßen zwei Jahre lang mit zwei Perserkatzen zusammen, weil ich eine Einliegerwohnung bei einer Katzennärrin namens Angela hatte. Ich muß zugeben, daß ich diese beiden, Geschwister im übrigen, nicht leiden mochte, weil sie mindestens in drei Fällen in der einen Minute, die ich brauchte, um meine Jacke an die Garderobe zu hängen, mein gerade gekauftes Tartar aus der Einkaufstasche gezerrt und völlig aufgefressen hatten.

Eines Nachmittags aber, ihr sonderbares Verhalten war mir schon den ganzen Tag aufgefallen, fielen die beiden, rollig geworden, übereinander her. Und das war herzzerreißend, denn keiner von beiden wußte offensichtlich, wie das geht mit dem Kopulieren. Der Wille war auf beiden Seiten da und stark, nur die Ausführung ließ entschieden zu wünschen übrig. Das war ein Gemaunze und Gefauche, ein Schnaufen und ein Quietschen, das für ein ganzes Tierheim gereicht hätte, nur wollte es partout nicht zum Vollzug kommen. So probierten sie es ungefähr drei Stunden lang und führten dabei Stellungen vor, die die Schöpfer des

F. Wössner

Kamasutra zu Stümpern gestempelt hätten, ohne daß es auch nur im Ansatz zur liebenden Vereinigung gekommen wäre. Und das Allermerkwürdigste war, daß im Verlauf dieser Machenschaften nicht einmal klar wurde, wer denn da Kater war und wer Katze; jeder probierte es verzweifelt mit dem jeweils anderen, aber es fruchtete nichts. Schließlich gaben sie erschöpft, aber keineswegs enttäuscht auf und trollten sich ihrer Wege, als sei nichts geschehen. Keine Spur von Verlegenheit oder gar Scham. Da erwachte in mir die große Zuneigung zu den beiden, hatten sie doch das Scheitern ihres großen Verlangens mit stoischer Würde und souveräner Gelassenheit hingenommen.

2. Katzen sind reinlich

Angela hatte keinen Wäschepuff. Statt dessen hatte sie die Angewohnheit, ihre Schmutzwäsche Stück für Stück direkt in die Waschmaschine zu werfen, bis diese voll war, und sie dann anzuwerfen. Ich kann mir das folgende nicht anders erklären, als daß ihre beiden Katzen von dem strahlenden Resultat der Waschgänge im Laufe der Zeit so beeindruckt waren, daß sie ihre eigenen Reinigungsbemühungen zunehmend als insuffizient empfanden, denn eines Tages versteckten sie sich in der Trommel unter all dem Zeugs und ließen sich einfach mitwaschen. Das Resultat war beachtlich: Zwar torkelten sie nach dem Schleudern einen Tag lang orientierungslos durch die Küche, aber ihr Fell glänzte wie eitel Seide und verströmte einen angenehmen Duft, der sich durchaus vorteilhaft von ihren ansonsten etwas strengen Ausdünstungen unterschied. Angela selbst war zwar nicht ganz zufrieden, weil sie in Sachen Reinlichkeit Perfektionistin war, doch konnte ich sie wenigstens davon abhalten, die beiden beim nächsten Mal als Kochwäsche einzustufen. Vier Wochen später legte sich Angela dann eine Mikrowelle zu.

3. Katzen sind intelligent

Angelas neue Katze hieß Herr Ringelnatz und kam aus dem Tierheim in Lankwitz. Daher hatte sie natürlich alle die dreckigen Tricks drauf, die es braucht, um sich gegenüber den Menschen durchzusetzen. Das merkte ich allerdings erst später, als sie mir für ein halbes Jahr zur Pflege übergeben wurde, denn Angela hatte sich in den Löwenbändiger vom Zirkus Roncalli verliebt und kurzerhand beschlossen, dort als Kassiererin anzuheuern. Der Zirkus gastierte in Köln.

Zu Anfang ließ sich unsere Beziehung recht kühl an: Herr Ringelnatz lebte in Angelas Abteilung, ich in meiner, und wir gingen uns im großen und ganzen aus dem Wege – bis Herr Ringelnatz meine Einliegerwohnung inspizierte und einen eigenartigen Platz zu seiner favorisierten Schlafstätte machte.

Ich schrieb damals an meinem ersten Buch und hatte mir extra dafür eine tadellose Smith Corona 1100 mit Typenrad gekauft. Als Herr Ringelnatz die Maschine sah, brauchte es keine Sekunde, und er war mit einem Satz auf ihre Abdeckung gesprungen. Dort rollte er sich sofort zusammen und schlief ein.

Ein schönes Bild, das unter der warmen Schreibtischlampe schlummernde Katzl. Aber ich wollte, mußte ja arbeiten.

Wenn ich wie selbstverständlich geglaubt hatte, Herr Ringelnatz würde beim ersten Anschlag entsetzt flüchten, hatte ich mich jedoch getäuscht. Herr Ringelnatz zuckte nicht einmal mit der Wimper, und so blieb es. Ich schrieb in den folgenden Tagen Kapitel um Kapitel, und Herr Ringelnatz lag auf der krachenden Maschine und ratzte.

So hätte es bleiben können, wenn Herr Ringelnatz nicht eines Tages begonnen hätte, sich fürs Schreiben zu interessieren. Zunächst schaute er zwei Wochen von oben nur zu, wie die Typen aufs Blatt knallten, doch dann langte er eines Tages selbst mit der Pfote hinunter und schrieb ein w.

Herr Ringelnatz lernte schnell. Als ich nach vier Wochen abends aus der Schenke kam und mich etwas beduselt an den Schreibtisch setzte, fand ich einen Zettel säuberlich eingespannt in der Maschine.

`ich bin eine katze. frau ringelnatz`

Aus dem Leben gegriffen:

Junge, Junge!

Was ist nur aus unserer Tierwelt geworden! Da kriegt die Katzenmama ihre Jungen und denkt, ihr ist ein großer Wurf gelungen, und was ist?

Die Kleinen schmieren sich Wet-Gel ins Haar, färben sich Strähnchen und denken nur an Mäuse, um sich die Nächte um die Ohren zu schlagen.
Was soll man da nur machen?

Wovon Katzen wirklich träumen ...

Von einem Stück Mandeltorte „Donauwelle“.

Von einem Dosenöffner, den Katzen bedienen können.

Von einer diamantenen Krallenfeile.

Von einem Wald voller Katzenminze und Baldrian.

Von Seidentapeten zum Krallenschärfen.

Von dem nächsten Nickerchen.

Von Socken gegen die kalten Pfoten.

Von einem Katzenklo mit Wasserspülung.

Von einem neuen Pelzmantel.

Von einer automatischen Katzenwaschanlage.

Von Menschen mit Fell.

Von Miau Tse Tung.

Von der blutigen Nase des Hundes nebenan.

Von einer flotten Mieze bei Vollmond.

Von einer Party in einer Zoohandlung.

Von tieffliegenden Spatzen.

Von Mäusen aus Gänseleberpastete.

Autoren und Zeichner

Hans Borghorst, 1961 in Haren/Ems geboren, arbeitete als Zeitungsausträger, in einer Coca-Cola-Fabrik, als Pizza-Bote, als Kabelträger beim Fernsehen, als Grafiker, als DJ usw. Lebt als freier Autor in Meppen.

Tom Breitenfeldt, geboren 1957 in Flensburg, lebt und zeichnet in Oldenburg. Soeben ist sein erstes Buch erschienen: *Es lebe der kleine König*.

Kai Felmy, 1963 geboren, studierte Grafik-Design in Frankfurt, wo er heute als Cartoonist lebt und arbeitet. Bekannt wurde er vor allem durch seine Veröffentlichungen in der *FAZ, ELTERN, ELTERN for Family* und in der *HÖRZU*.

Harald Fischer, wurde 1959 in einem kleinen Ort bei Kassel geboren. Er ist eigentlich Grundschullehrer, lebt und arbeitet jedoch als Cartoonist und Illustrator in Göttingen. Seine Arbeiten sind unter anderem in dem Satiremagazin *Titanic* sowie in der *Süddeutschen* und in der *Hannoverschen Allgemeinen Zeitung* zu sehen.

Thomas Gsella, geboren 1958, lebt in Frankfurt und Essen, seit 1992 Redakteur der Titanic. Veröffentlichungen im Rundfunk, Fernsehen und zahlreichen Anthologien. Buchveröffentlichung 1992 gemeinsam mit Heribert Lenz und Jürgen Roth: *So werde ich Heribert Faßbender. Grund- und Aufbauwortschatz Fußballreportage*.

Albert Hefele, 1951 im Allgäu geboren. Arbeitet seit etwa zehn Jahren als Arbeitstherapeut. Schon etwas länger ist er als freier Mitarbeiter z.B. für die Zeitschrift *Titanic* tätig. Er lebt und arbeitet in Memmingen. Letzte Buchveröffentlichung: „Grauenhafte Sportarten, mit denen uns das Fernsehen quält".

Dr. Manfred Hofmann, Jahrgang 1950, lebt in Berlin und ist seit Jahren Mitherausgeber der Berliner Verallgemeinerten der Stadtillustrierten Zitty. Als Autor veröffentlichte er in Pardon, Titanic u.a. und schrieb mehrere Bücher, als Apotheker verdient er seinen Lebensunterhalt.

Ulrich Horb, geboren 1955, arbeitet als Journalist in Berlin.

Richard Kähler, geboren 1951, lebt als freier Autor in Hamburg. Arbeiten für Zeitungen und Zeitschriften, fürs Fernsehen und Buchveröffentlichungen z.B. *Im Bett mit Mutter Beimer, Das Lindenstraßen-Quizbuch*.

Peter Köhler, geboren 1957, lebt, arbeitet und faulenzt in Göttingen.

Kriki, alias Christian Groß, geboren 1950 in Lamstedt. Arbeitet u.a. als Cartoonist und Collagist.

Sören Kruse, geboren 1962, lebt und arbeitet als freier Journalist in Hamburg.

Axel Marquardt, geboren 1943, lebt in Glückstadt, Verfasser satirischer Texte aller Art. Letzte Publikationen: *Die Welt ist ein weiß lackiertes Türblatt* und *Die Marsmenschen*.

Johann Mayr, geboren 1956 in München. Arbeitete als Gartenarchitekt. Inzwischen zahlreiche Ausstellungen und Veröffentlichungen als Cartoonist.

Ari Plikat, geboren 1958 in Lüdenscheid. Studium Grafik-Design in Dortmund und Leeds. Veröffentlichungen als Illustrator und Cartoonist in Zeitungen, Zeitschriften und Büchern.

Polo – André Poloczek, geboren 1959 in Wuppertal, wo er heute noch lebt. Erste Veröffentlichungen 1979, Mitarbeiter diverser Zeitungen und Zeitschriften.

Burkhard Straßmann, 1953 in Wuppertal geboren, Abschluß als Taxifahrer, lebt und arbeitet als freier Journalist zwischen Bremen und Hamburg.

Achim Szymanski, geboren 1959, lebt in München, arbeitet für die Werbung.

Günther Willen, geboren 1954. Lebt und arbeitet in Oldenburg.

Freimut Wössner, geboren 1945 in einem schwäbischen Dorf. Lebt in West-Berlin. Nach branchenüblichen Irrungen und Wirrungen seit 1980 Karikaturist.

Ebenfalls in dieser Reihe erschienen:

Alle lieben Ärzte
ISBN 3-89082-743-8
Alle lieben Beamte
ISBN 3-89082-801-9
Alle lieben Computer
ISBN 3-89082-744-6
Alle lieben Frauen
ISBN 3-89082-748-9
Alle lieben Fußball
ISBN 3-89082-767-5
Alle lieben Lehrer
ISBN 3-89082-746-2
Alle lieben Männer
ISBN 3-89082-747-0
Alle lieben Motorradfahren
ISBN 3-89082-803-5
Alle lieben Weihnachten
ISBN 3-89082-745-4
Alle lieben Zahnärzte
ISBN 3-89082-781-0
Alles Liebe zur Hochzeit
ISBN 3-89082-782-9

Alle Titel haben 96 Seiten.
Hardcover.

Janice King

Zum Teufel mit den Hormonen!

Deutsche Bearbeitung von Paula Almqvist

Ein Sachbuch für Frauen

Hier ist sie endlich, die ungeschminkte Wahrheit über die Hormonfalle. Das Thema für alle Frauen zwischen Pubertät und Menopause. Die amerikanische Bestsellerautorin und *»Hohepriesterin der Hormone«* Janice King räumt auf mit hormonellen Falschmeldungen und schönfärberischen Mythen.

Witzig, geistreich, kompetent. Ein Sachbuch zum Schmunzeln. Ein Schmunzelbuch zur Sache.

Illustrationen von Isabel Kreitz.
136 Seiten. Hardcover.
ISBN 3-89082-749-7

LESE lust